AF257302

VÉRITÉS

HISTORIQUES

SUR les Événemens arrivés à Nismes
le 13 de Juin & les jours suivans.

Publiées par le Club des Amis de la Constitution, en Juillet 1790.

LES événemens qui ont affligé la ville de Nismes le 2 de Mai, ont pour époque la publication du décret, qui met dans les mains du district, l'admi-nistration des biens Ecclésiastiques : les malheurs dont nous entreprenons le récit, & qui, le 13 de juin, remplirent cette ville de carnage & de deuil, ont commencé le jour même où l'on y apprit la suppression des Chapitres & des Abbayes.

Dans l'intervalle de ces deux funestes époques, le fanatisme, le principal moyen des factieux, avoit fait de nouveaux progrès, ou du moins s'étoit montré avec une nouvelle audace. Une délibéra-tion prise aux Dominicains, par les mêmes Catho-liques qui avoient signé celle des Pénitens blancs, annonçoit la même disposition dans les esprits, &

Époque de ces événe-mens: les dé-crets sur les biens du Cler-gé & sur la suppression des Chapitres & Abbayes.

Seconde dé-libération pri-se aux Domi-nicains par des soi-disant Ca-tholiques.

A

cette perſévérance dans des principes odieux à tous les bons citoyens ne préſageoit pas une paix de longue durée.

Craintes des bonsCitoyens pour la ſûreté de l'Aſſemblée Electorale.

Les troubles qui s'étoient élevés au moment de la tenue des Aſſemblées primaires, faiſoient craindre de nouveaux déſordres pour celle de l'Aſſemblée électorale, & malheureuſement la Municipalité déjà ſuſpecte, de connivence avec les ennemis du bien public, venoit de donner plus de fondement à ces ſoupçons. Le 4 de mai, elle avoit concédé aux ſieurs François Froment & Folacher un terrain inculte, ſous la ſeule condition d'en payer les charges ; & c'eſt par cette conceſſion que ces deux hommes, connus pour être les chefs du parti anti-patriotique, les Commiſſaires les plus actifs des Aſſemblées ténébreuſes des Pénitens & des Jacobins, devinrent Citoyens éligibles. Ils furent élus.

Les Officiers Municipaux veulent la réunir dans l'Egliſe des Dominicains, que dominoient deux tours voiſines de la maiſon de Froment. Les Commiſſaires du Roi la réuniſſent au Palais.

Les Commiſſaires du Roi ayant demandé aux Officiers Municipaux un local propre à l'Aſſemblée Electorale, ils furent très-ſurpris de voir préparer l'Egliſe des Dominicains dominée par deux tours, d'où l'on communique à la maiſon du ſieur Froment. Mais les Commiſſaires du Roi ayant réclamé la grande Salle du Palais, ils l'obtinrent par leur fermeté, & l'Aſſemblée Electorale s'ouvrit le 4 de juin.

Le Diſtrict de Sommières alarmé pour la ſûreté de ſes Electeurs, veut former un Camp. La Municipalité élude cette diſpoſition en prenant les Electeurs ſous

Le choix de l'Egliſe des Dominicains n'eſt pas le ſeul reproche qu'on eût pu faire aux Officiers Municipaux. Ils s'étoient oppoſés à la formation d'un camp que le diſtrict de Sommières vouloit aſſembler ſur ſon territoire, hors de celui de Niſmes, pour protéger l'aſſemblée des Electeurs & la ſecourir au beſoin. Une délibération de notre Municipalité, qui prenoit les Electeurs ſous ſa ſauve-garde & répondoit de leur ſûreté, empêcha cette

(3)

falutaire précaution, & livra l'Affemblée Electo-
rale à la fureur d'un peuple égaré (1).

Dès la première féance, les Electeurs virent le
piège qui leur étoit tendu. On cherchoit à les fa-
tiguer par de longs débats, à les intimider par des
menaces, en un mot, à les mettre en fuite & à les
forcer d'abandonner à un petit nombre de malveillans, la nomination des Adminiftrateurs du Département. Pour cet effet, dans l'intérieur, des que-
relles interminables, une oppofition tumultueufe,
faifant perdre un temps précieux & murmurer une
grande partie de l'Affemblée. Au dehors, des gens
armés de fabres, quoiqu'il fût défendu de l'être hors
du temps de fervice, & portant à leurs chapeaux
des houppes rouges qu'ils avoient fubftituées à la
cocarde blanche, lorfqu'enfin elle fut profcrite,
entouroient fans ceffe le Palais, en embarraffoient
les avenues, & excitoient des rixes dont le moindre
inconvénient étoit de troubler l'Affemblée. Un ca-
baret voifin, où ils étoient défrayés & où le fieur
Defcombiés, un de leurs chefs, alloit fréquemment
attifer leur fureur par des récits infidelles & par
des gémiffemens hypocrites fur le fort de leur réli-
gion, qui ne couroit aucun danger, leur offroit un

---

(1) Cette Délibération eft du 31 Mai 1790. Elle porte
qu'il en fera envoyé des extraits à M. *de Roux*, Maire de
Sommières, à M. *Legrand*, Prieur & Maire d'Aujargues,
Préfident & Commiffaire, nommés par la Délibération,
& à M. *de Bonafous*, Général du camp de Boiffières,
& leur déclare, ainfi qu'à tous ceux qui peuvent compofer
ce Camp, ou tout autre, que le Corps Municipal les rend
perfonnellement refponfables des événemens, qu'il prend
d'ores & déja MM. les Electeurs fous fa fauve - garde
fpéciale, & leur promet d'employer tous les moyens qui
feront en fon pouvoir, pour rendre leurs perfonnes
inviolables.

A 2

aſyle agréable qui ne contribuoit pas peu à les attirer & à les retenir.

Au milieu des juſtes craintes que cauſoit leur attroupement, un ſentiment de confiance dans les meſures priſes par les Commiſſaires du Roi, empêchoit les réclamations des Electeurs. Ils ſavoient que des patrouilles conſidérables du régiment de Guyenne avoient été demandées, & ils voyoient qu'un détachement des Dragons volontaires faiſoit le ſervice à cheval, & diſſipoit, par ſa ſeule approche, cette foule de mutins ſoudoyés.

Cependant on apprit que les patrouilles des troupes réglées n'avoient pas lieu, que les Officiers Municipaux n'avoient requis que des piquets placés à la citadelle & aux caſernes prêts à marcher au beſoin ; & pendant que les Dragons ſe portoient dans d'autres quartiers de la ville pour y maintenir le bon ordre, les Electeurs, d'abord inſultés par des propos menaçans, le furent enfin par des voies de fait. Pluſieurs ſe virent pourſuivis par des hommes à pouſs rouges, & eurent beaucoup de peine à éviter les coups de ſabre qui leur étoient portés.

Sur leurs plaintes à l'Aſſemblée Electorale, le ſieur Laurens, Officier Municipal, & le ſieur Vidal, Procureur de la Commune, ſe récrièrent & prétendirent que l'on vouloit jeter des ſoupçons ſur des gens innocens. Vainement les ſieurs Crouſet & Véſian, Electeurs du canton d'Aimargues, & bien d'autres, atteſtoient par écrit que leur vie avoit été en danger, rien ne pouvoit décider ces Magiſtrats à croire à des excès dont ils avoient été cent fois les témoins, & qu'ils n'avoient jamais réprimés, en répétant qu'ils répondoient ſur leur têtes de la ſûreté de l'Aſſemblée Electorale : ils eſpéroient calmer l'agitation qui éclatoit dans tous les eſprits, prévenir la tranſlation de ce corps qu'on parloit déjà de tranſporter à Beaucaire, & ſur-tout établir

entre lui & la Municipalité la correspondance que
les Electeurs réunis ne voulurent jamais avoir qu'a-
vec les Commissaires du Roi. Mais l'indignation
générale fut le prix de ces perfides efforts ; & ce
sentiment se manifesta principalement contre le
sieur Vidal , lorsqu'un Membre de l'Assemblée
Electorale se plaignant d'avoir été insulté & me-
nacé, le Procureur de la Commune lui répondit
qu'il ne l'avoit été qu'en qualité de particulier, &
non en qualité d'Electeur.

Cependant, les justes soupçons que la correspondance des Commissaires du Roi avec les
Officiers Municipaux, communiquée par les pre-
miers à l'Assemblée électorale, avoient fait naître,
fortifièrent les plaintes contre ces Magistrats, &
les réquisitions multipliées des agens du pouvoir
exécutif, écartèrent des environs du Palais, la
foule importune & dangereuse qui l'assiégeoit :
elles mirent enfin en activité les patrouilles, qui
jusqu'alors avoient resté enfermées ; mais ce calme
ne devoit durer qu'un instant. Les vils suppôts
des ennemis du bien public, ces Légionnaires,
distingués par la houppe rouge , font publier au
son du tambour, que tous les gens de leur parti
ayent à se rendre, montés sur des ânes, dans
une place désignée. Cette ridicule parodie du
service des Dragons, alloit en effet avoir lieu ;
& déjà un grand nombre de ceux qui dévoient
en être les acteurs, étoient au rendez - vous,
lorsque le Procureur de la Commune & quelques
Officiers Municipaux s'y transportèrent. Ils cal-
mèrent, à la vérité, cette scandaleuse efferves-
cence ; mais loin d'en punir les auteurs, ils
prièrent MM. les Commissaires du Roi de chan-
ger leur réquisition à l'égard des Dragons, & de
demander que cette Troupe se bornât à se tenir

à l'Evêché, prête à se porter par-tout où besoin seroit. Sur leur refus, quoique l'Assemblée Electorale eût, à plus d'une reprise, témoigné sa satisfaction du service des Dragons, la Municipalité ordonna, de son pur mouvement, que ces Volontaires à cheval ne feroient plus de patrouilles, qu'ils fourniroient seulement un poste de 20 hommes au Palais Episcopal, & même qu'ils ne marcheroient que sur la réquisition expresse des Officiers Municipaux. On leur imputa des imprudences imaginaires, on supposa des plaintes qui n'avoient jamais existé, & l'on chercha, par les moyens les plus répréhensibles, à les rendre odieux à la populace. Ils vinrent demander au Corps Electoral si les plaintes, sur lesquelles les Officiers Municipaux fondoient leurs nouveaux ordres, partoient de son sein, & ils en rapportèrent un gage honorable & mérité de la satisfaction & même de la reconnoissance de l'Assemblée. Mais par esprit de modération & de paix, elle céda aux instances réitérées du Procureur de la Commune, Electeur, qui renouvella ses protestations sur la sûreté du Corps Electoral & sur celle de tous les Citoyens, & invoqua la médiation des Electeurs, pour rapprocher les deux partis qui divisoient les habitans de Nismes ; comme s'il pouvoit y avoir de traité entre les bons & les mauvais principes, & de conciliation entre le patriotisme & l'aristocratie. Le Corps Electoral se contenta d'exiger que le poste des Dragons fut rapproché du lieu de ses séances, & un Dragon d'ordonnance placé toujours à la porte de l'Assemblée. Vaine précaution ! Cet ordre donné à la Municipalité le 10 de juin, n'étoit pas encore exécuté le 13 ; & ce jour étoit marqué pour l'insurrection & la guerre civile.

La Municipalité, de son propre mouvement, défend les patrouilles des Dragons Nationaux, & les inculpe.

Le Corps Electoral les justifie.

Fourberie du Procureur de la Commune.

Le Corps Electoral demande qu'il y ait un Dragon d'ordonnance auprés de lui, & un poste de Dragons non loin du lieu de ses Séances ; la Municipalité n'obéit pas.

En effet, dès le matin du dimanche 13, quelques Compagnies à houpes rouges, sous prétexte d'aller à la Messe, s'armèrent chacune de son côté, & traversèrent la Ville dans le plus formidable appareil. Sur les six heures du soir, un de leurs Volontaires se présente au Suisse de l'Evêché, où les Dragons étoient paisibles, & lui ordonne de balayer la cour, disant que les Volontaires à houppes rouges vont venir leur donner le bal. Il se retire, & bientôt reparoît avec un billet audacieux, par lequel il est enjoint au Portier de l'Evêque de chasser les Dragons, & de n'en plus recevoir, sous peine de la vie. Ce singulier écrit est remis au Lieutenant des Dragons, il veut en conduire le porteur à la Municipalité, mais prêt à sortir avec quelques-uns des Volontaires à ses ordres, il trouve sur la place de l'Evêché plus de deux cens hommes à houppes rouges, qui les assaillent d'une grêle de pierres, & les attaquent à coups de pistolets. C'est alors sans doute que la défense est légitime. Dix Dragons poursuivent cette multitude ennemie, & font sur elle une décharge de mousquet. Les gens à houppes rouges fuyent; les Dragons renforcés par vingt-cinq Légionnaires, principalement de la Compagnie nº. 1, de garde à l'Hôtel-de-Ville, que leur amène l'intrépide M. de Saint-Pons, Major de la Garde Nationale de Nismes, les chassent jusqu'à la place de la Belle-Croix. Un Volontaire de cette Compagnie est tué en passant devant la maison curiale. Ils trouvent sur la place une Compagnie anti-patriotique en bataille, & il s'engage un véritable combat. Dans le même moment, la place des Recollets, le Cours, la place des Carmes, la grand'rue, la rue de Notre-Dame & l'Esplanade, étoient occupées par des

Mouvemens des Troupes rouges le 13 au matin.

Le soir, ils insultent un poste de Dragons Nationaux.

Ils les attaquent en force.

Le combat s'engage.

Les houppes rouges occupent tous les postes.

Volontaires à houppes rouges qui, armés de sabres, de fourches & de fulils fondoient fur les paffans, & tiroient fur tous les Citoyens qu'ils foupçonnoient ne pas être de leur parti. A la Magdelaine on enfonce la maifon du fieur Jalabert; il eft affaffiné, & fon corps traîné dans la rue. Les malveillans s'étoient fur-tout foigneufement emparés des tours des Dominicains, qui font partie de l'ancien château royal, l'éternel refuge des rebelles de tout les temps; de ces tours qui, d'un côté, communiquent à la maifon du fieur Froment, & de l'autre, dominent la porte de cette même Eglife des Jacobins, dans laquelle la Municipalité s'étoit obftinée à vouloir placer l'Affemblée des Electeurs. C'eft de là que les fieurs Froment, Folacher & Defcombiés, avec 300 de leurs Volontaires, faifoient feu fur le quai des Calquières & fur le perron de la falle des Spectacles.

Ces difpofitions ne fauroient être un effet du hazard : elles portent le caractère d'une combinaifon long-temps réfléchie, & la rapidité avec laquelle toutes les avenues de cette forterefle furent gardées par une double ligne de Légionnaires à houpes rouges, le foin qu'on avoit eu de placer des troupes de ce parti près du corps des cafernes, où le parc d'artillerie étoit renfermé : enfin, la compagnie qui barroit le chemin de la Citadelle, le feul lieu où les Patriotes puffent fe procurer des munitions, tout autorife à penfer que ces mefures étoient prifes de très-bonne heure, & que le plan avoit été arrêté avant le jour de l'action.

On doit obferver que ce plan, qui femble n'être que défenfif, leur préfentoit le double avantage d'attaquer fans beaucoup de danger, &

de laisser croire qu'ils avoient été attaqués : mais personne ne fut la duppe de cet artifice, & ces furieux avoient déjà immolé plusieurs victimes, que les vrais Citoyens n'étoient pas encore armés. Une partie de la Garde à pied de la Légion Nimoise, & dix Dragons Volontaires, résistèrent seuls pendant plus d'une heure aux efforts de ces scélérats.

Les Patriotes surpris ne pouvent se rassembler.

Cependant l'alarme s'étoit répandue dans toute la Ville ; & sur le premier bruit des désordres, les Commissaires du Roi avoient requis la publication de la Loi Martiale : elle fut publiée vers les sept heures du soir, par deux Officiers Municipaux, Messieurs Ferrand de Missol, & l'abbé de Belmont, qu'on força de marcher. Un Officier de la Légion Nimoise s'étoit rendu à cet effet à la Maison-Commune ; il vouloit engager MM. les Officiers Municipaux a requérir le Régiment de Guyenne. Il ne trouva aucun d'eux ; mais après bien des recherches, il en découvrit un caché derrière le lit d'un valet de Ville : ces Messieurs se rendirent devant les tours où commandoient Froment, Folacher & Descombiés, mais le drapeau rouge, loin d'être respecté, fut enlevé par les gens de la forteresse. Le sieur Boudon, jeune Citoyen actif, Dragon courageux & zélé, l'unique espoir d'une famille honorable, qui marchoit au premier rang de l'escorte, mourut cruellement assassiné à coups de fourches & de bayonnettes. Il fut dépouillé de sa montre, de ses bijoux, & de tous les effets précieux qu'il avoit alors sur lui. On lui coupa même un doigt pour s'emparer d'une bague, & peut-être découvrira-t-on que les chefs de ces scélérats leur avoient promis le pillage de la Ville pour les retenir sous leurs drapeaux.

Les Commissaires du Roi requierent la Loi Martiale.

Les Troupes de ligne ne sont pas requises, le Drapeau rouge est enlevé par les gens de la Forteresse.

Assassinat d'un Dragon, il est volé.

Un fecond drapeau rouge eut le même fort que le premier, & les Officiers Municipaux qui le faifoient marcher devant eux, entr'autres le fieur Pontier, ci-devant Syndic du Diocèfe, fe retirèrent aux cafernes, où ils furent vainement requis par les Commiffaires du Roi, de faire fortir le brave & généreux Régiment de Guyenne déjà en bataille, & impatient de défendre les bons Citoyens.

La nuit fufpendit le combat; mais les brigands profitèrent de ce moment de trève pour faire des difpofitions hoftiles. Le quatorze, à la pointe du jour, on en reffentit l'effet. Alors tous les Patriotes prirent les armes, le fang recommença à couler, & fi l'énergie des bons Citoyens avoit pris une nouvelle activité, la fureur de leurs ennemis portoit tout le caractère de la rage.

En vain ils voyoient l'Efplanade fe couvrir de troupes auxiliaires, arrivées de toutes les contrées voifines; en vain toutes les compagnies patriotes de la Légion Nîmoife gardoient avec activité l'intérieur de la Ville, & veilloient à ce que les compagnies à pouf rouge ne s'en rendiffent pas maîtreffes, ils oppofoient par-tout une vigoureufe réfiftance. L'efpoir d'un prompt fecours & d'un renfort confidérable, foutenoit leur audace; ils avoient envoyé à M. de Bouzols, les nommés Dupré & Lieutaud, deux de leurs plus dignes fatellites, avec des lettres du fieur Froment & du fieur Defcombiés, par lefquelles l'un, en fa qualité de Citoyen, l'autre, comme Notable, & promettant de faire ratifier fa réquifition par toute la Municipalité, demandoient au Commandant de la Province de faire avancer le Régiment du Roi, Dragons, en garnifon à Lunel & à Sommières; & ils ofoient dire, les malheureux, que c'étoit pour empêcher les Dragons proteſtans, d'égorger les Citoyens catholiques ; tandis qu'il eſt de fait que le poſte de dix dragons, mi-parti comme toute la compagnie, fut attaqué par plus de deux cens travailleurs catholiques. Mais ces lettres ne parvinrent pas à leur deſtination ; la Municipalité d'Uchau en fit arrêter les porteurs, & envoya ſur-le-champ des troupes contre ceux qui les avoient écrites (1). C'eſt à l'aide de ces Soldats Citoyens & de bien d'autres, animés de la même ardeur, qu'on parvint à détruire toutes les bandes extérieures des rebelles, & qu'à trois heures après midi on n'avoit plus guères à combattre que les gens retranchés dans les tours des Dominicains.

Les houppes rouges ſont réprimées. Ceux de la Fortereſſe réſiſtent ſeuls.

Toutes les Gardes Nationales du Département, à la diſtance de dix-huit lieues, étoient accourues au ſecours des patriotes, & ne ſe diſtinguoient pas moins par leur intrépidité, que par les plus tendres témoignages d'attachement aux bons Citoyens. On vit même des Gardes Nationales du Département de l'Hérault, telles que celles de Montpellier, de Ganges & de Maſſillargues, accourir en foule ; preuve touchante de l'union qui règne entre tous les Français depuis la nouvelle diviſion du Royaume.

Nouvelles Gardes Nationales de Département.

Près de 1500 hommes offroient leur ſecours, & les Légions des pays catholiques, indignées qu'on eût voulu mêler la Religion dans une querelle dont l'intérêt perſonnel, l'attachement aux abus les plus oppreſſifs, & le fanatiſme le plus barbare étoient les ſeules cauſes, ſignaloient principalement leur zèle. Elles attendoient avec

Les Gardes Nationales Catholiques ſont les plus indignés.

Des houppes rouges intro-duites chez

---

(1) On trouvera à la fin de la copie quelques pieces juſtificatives

impatience qu'on les employât, lorsqu'une décharge de mousqueterie partit à l'improviste du couvent des Capucins, blessa un grand nombre de ces étrangers, tua le sieur Massip, Officier Municipal de St.-Cosme, & mit un moment l'armée en désordre.

Son ralliement fut pénible, parce qu'elle étoit encore sans chef : le seul qu'elle put alors reconnoître étoit le Major de la Légion Nîmoise ; car il étoit le seul Officier supérieur qui restoit à cette Troupe, & depuis long-temps les amis du trouble & de l'anarchie, avoient fait tous leurs efforts pour empêcher la formation d'un nouvel Etat-Major. Ils avoient malheureusement réussi, & M. de St.-Pons qui, dès le premier moment de l'insurrection, avoit, ainsi que le sieur Jourdan, son Aide-Major, manifesté une activité infatigable, & qui veilloit à travers tous les dangers à la sûreté intérieure de la Ville, & à l'emploi des Troupes au dehors, ne se trouva point à l'Esplanade, au moment de cette attaque soudaine qui occasionna une espèce de déroute. Elle cessa pourtant, & le premier effort des corps des Volontaires réunis se porta sur les Capucins. On demanda à fouiller la maison de ces Religieux ; mais sous prétexte qu'elle avoit été visitée le matin, ils refusèrent de l'ouvrir. Leur porte fut enfoncée. On trouva chez eux des gens armés, des armes, des habits de femme, un grand nombre de libelles incendiaires dont ils étoient depuis long-temps soupçonnés d'être les colporteurs, & une foule d'autres objets qui portèrent au comble la fureur, déjà très-grande des Volontaires dont on avoit blessé les compagnons. Les cellules furent dévastées, la pharmacie brisée, la sacristie saccagée, & la mort donnée à cinq Capucins & à quatre scélé-

rats réfugiés chez eux. Mais le grenier d'abon-
dance de la Ville, placé dans le cloître, fut respecté, la manufacture de draps est intacte, la
bibliothèque ne fut pas touchée, l'on n'entra pas
dans l'Eglise, & le procès - verbal dressé par
M. le Curé de St-Castor, prouve invinciblement
qu'on ne s'est rendu coupable d'aucune profa-
nation.

L'Eglise n'est point profanée.

Un ciboire seul enlevé de la sacristie par un bri-
gand venu à la suite des généreux patriotes de Sommières, lui fut repris par eux, remis au Greffe cri-
minel de Nismes, & le voleur livré à toute la ri-
gueur des loix.

Il est un autre fait qui ne doit pas être omis :
quand on vit que la maison des Capucins alloit
être attaquée, on jeta des fenêtres de l'argent au
peuple indigné, dans l'espoir sans doute que la cu-
pidité prévaudroit sur la colère ; mais ce nouvel
attentat ne servit qu'à faire éclater le désintéres-
sement & l'honneur d'un Tambour du régiment
de Guyenne ; il ramassa 12 livres, & vint les dé-
poser sur le bureau de l'Assemblée Electorale ;
comme un argent impur qui ne devoit pas souiller
ses mains.

Pendant l'expédition faite aux Capucins, la
même cause produisoit ailleurs le même effet : des
coups de fusils tirés dans la ville & dans les fau-
bourgs, ayant blessé ou tué de bons citoyens, les
maisons d'où ces coups étoient partis, furent li-
vrées au pillage malgré la résistance des Officiers,
& l'on y détruisit plus que l'on n'y vola. C'est ainsi
entr'autres que furent ravagées les maisons de M.
l'Abbé Cabanel, Notable, & celle de M. l'Abbé
Bragouze, Curé de la paroisse de St. Paul, chez
lequel on trouva dans un puits, des fourches, des
fusils & des sabres.

Maisons pil- lées parce qu'elles ser- voient de for- teresse.

Armes trou- vées chez un Curé.

Massacres sur les houppes rouges.

Toutes ces scènes d'horreur ne se passèrent pas sans effusion de sang. On massacroit tous les coupables qui tomboient sous la main ; mais aucun des chefs ne subit alors la peine qu'il méritoit ; les trois principaux enfermés dans les tours des Dominicains faisoient toujours bonne contenance, & l'on se persuada enfin que le canon pourroit seul les réduire. Des Gardes Nationales furent donc

On amene le canon contre les tours.

commandées pour le service de l'artillerie ; mais pour arriver au parc qui la renfermoit, il falloit vaincre une troupe ennemie qui en défendoit l'approche. Un détachement des diverses légions étrangères, mêlées avec celle de Nismes, soutint courageusement son feu, & la mit bientôt en fuite. Le canon fut alors braqué contre les tours ; mais avant d'employer cette arme terrible, on reçut de MM.

Les Chefs écrivent alors une lettre.

Froment, Folacher & Descombiés, une lettre adressée au Commandant du régiment de Guyenne pour la communiquer aux Volontaires étrangers, dans laquelle ils s'intitulent : *les Capitaines de la Légion Nîmoise, commandant les Tours du Château*,

On leur porte des paroles de paix, ils continuent leur feu.

& où l'on crut remarquer à travers l'insolence de leurs propositions quelqu'envie de capituler ; d'après cette idée, on leur porta des paroles de paix : une pareille démarche ne les empêcha point de continuer le feu de leur mousqueterie, ce qui rendit impossible le succès de la négociation.

On canonne les tours, & on force les Ligueurs.

Il fallut bien employer l'effort du canon ; il le fut avec succès par les soins de M. d'Aubry, Capitaine au Corps royal d'artillerie, qui, dès le grand matin, s'étoit porté dans tous les lieux où il y avoit du danger ; qui, malgré le feu continuel des tours dont le service des batteries étoit fort incommodé, & par lequel beaucoup de monde étoit mis hors de combat, & malgré l'inexpérience des personnes qui furent employées à la manœuvre des pièces, après avoir rempli tout à la fois les fonctions dangereuses d'Officier & de simple Canonnier, parvint enfin à déloger les rebelles de la forteresse qu'ils occupoient, les obligea à se retrancher dans la maison du sieur Froment, & mérita, par ce service important, d'être nommé le lendemain Colonel particulier de la Légion Nîmoise, & Commandant-Général des gardes nationales confédérées.

Les malheureux qu'il avoit chassés de leur poste, & qui s'étoient réfugiés dans leur dernier asyle, demandèrent bientôt à capituler. On n'exigea d'eux que la restitution de toutes leurs armes, & leurs chefs pour otage, en leur promettant même de les mettre sous la sauve-garde de la loi. Ces conditions ne plurent pas sans doute à ces chefs insensés ; car un second refus de leur part fut le seul fruit [de cette seconde négociation. C'est alors que quelques Légionnaires de divers cantons, s'étant réunis sous les ordres du sieur Richard de Clarensac, firent une brèche au rempart auquel est adossée la maison du sieur Froment, & la prirent par escalade, malgré la résistance des assiégés. Ils en firent un grand carnage ; mais Froment, Folacher & Descombiés échappèrent à la mort & à la recherche de leurs vainqueurs. La maison du premier fut pillée, & l'on y trouva des preuves multipliées du plus horrible des complots : des libelles, des armes, des munitions, des tables de proscription, des fagots destinés, suivant l'aveu de plusieurs prisonniers, à incendier le club des amis de la constitution. Voilà ce que réceloit le principal repaire de ces brigands.

Par cette prise importante se termina la funeste journée du 14 ; celle du lendemain ne fut, pour ainsi dire, consacrée qu'à la vengeance ; mais son

Ils demandent à capituler.

La Tour est prise par escalade.

La maison voisine qui est celle de Froment, est pillée. Ce qu'on y trouve.

règne fut trop prolongé, & les loix & l'humanité y furent trop souvent outragées. Cependant, avant la fin du jour, le sang avoit cessé de couler, & les prisons commençoient à se remplir. Beaucoup d'infortunés, séduits par des chefs criminels, y ont trouvé leur salut; mais il faut espérer qu'un châtiment juridique y attend les coupables.

Qu'on se peigne, au milieu de tant de désordres, la situation douloureuse de l'Assemblée Electorale; elle eut besoin d'un grand courage: on va voir si elle sut en montrer.

La séance venoit d'être levée le dimanche, quand l'alarme se répandit. Les électeurs étoient dispersés, & beaucoup furent exposés aux dangers les plus imminens; plusieurs même furent grièvement blessés, & presque aucun ne put rentrer dans sa maison. Mais quand le lundi matin le Président fit publier, à son de trompe, que l'Assemblée alloit se tenir, les deux tiers de ses membres se réunirent au Palais, & leur premier devoir fut de jurer de ne point se séparer que toutes les opérations ne fussent terminées.

La plus importante & la plus pressante, sans doute, étoit d'ériger une autorité dans une ville sans administrateurs: la Municipalité étoit comme anéantie; à peine parut-il deux de ses Officiers. Le Procureur de la Commune avoit disparu dès le commencement de la guerre; & son substitut depuis long-temps n'osoit pas même se montrer. L'armée n'avoit point de chef, il falloit pourvoir à la subsistance de 15,000 hommes, à la défense de la cité & à l'attaque des ennemis; la confusion étoit à redouter plus que leur fureur meurtrière; & si l'Assemblée Electorale n'avoit saisi le timon dans ce moment d'orage, c'en étoit peut-être fait de la ville de Nîsmes.

Un

Un comité militaire & de subsistance fut nommé par le Corps des Electeurs ; les membres en furent pris dans son sein, parmi les citoyens les plus recommendables par leur sagesse & par leur expérience. On y joignit M. d'Aubry, les personnes qui restoient de la Municipalité, & MM. les Commissaires du Roi ; M. Chabaud de Latour, Electeur de la Ville de Nismes, Lieutenant - Colonel au Corps royal du génie, militaire consommé par plus de 45 ans de service, employé dans l'Etat par les commissions les plus délicates, & citoyen distingué par son amour éclairé pour la constitution, fut nommé Président de ce Conseil. Dès ce moment, l'ordre sembla prêt à renaître.

Elle crée un Comité Militaire & de Subsistance.

Le Comité s'empressa d'abord de pourvoir à la subsistance de l'armée : des sentinelles furent placées chez chaque Boulanger, pour les obliger à faire huit fournées par jour ; on s'assura, par de semblables précautions, de l'activité continuelle des moulins & de l'approvisionnement de la boucherie. De leur côté, tous les citoyens se faisoient un devoir de fournir aux troupes étrangères les vivres & les rafraîchissemens qu'ils pouvoient avoir dans leur maison. Enfin, des communautés voisines, celles de Saint-Gilles & de Massillargues, envoyèrent des convois de pain & d'autres munitions de bouche, qui prévinrent toutes les alarmes sur la subsistance des citoyens & de leurs nombreux défenseurs.

Le Comité pourvoit à la nourriture des Gardes Nationaux étrangers.

En même temps, tous les Officiers de l'armée s'assembloient pour nommer un Etat-Major général & un Etat-Major particulier de la Légion Nîmoise (1). Un réglement sage fut arrêté, & la disci-

On crée un Etat-Major.

____

(1) M. d'Aubry, Commandant général de la Fédération.

pline tout-à-coup introduite parmi les Volontaires. On pourvut aussi à leur logement. On décida que 3000 étrangers seroient gardés jusqu'à la fin du mois de juin ; que la Légion Nîmoise seroit réformée sur l'ancien plan, réduite à 24 compagnies, purgée de tous les factieux qui y étoient entrés par violence, & que leurs armes leur seroient enlevées.

On fouille, par ordre des Municipaux, les maisons suspectes, & on enleve les armes & les munitions.

Ces dernières dispositions furent arrêtées après la victoire, & la dernière fut exécutée sur le champ. On fouilla paisiblement, par l'ordre des Officiers municipaux, chez les Capitaines des compagnies à houppes rouges. On s'empara des armes, des munitions, & l'on en fit autant dans plusieurs autres maisons suspectes. La précaution ne fut point vaine : de la poudre & des balles furent trouvées chez bien des gens, depuis long-temps soupçonnés d'en recéler, & sur-tout chez le nommé Gas, ce

Gas, Cabaretier, veut empêcher qu'on ne fouille sa maison, il est massacré. On trouve un baril de poudre dans sa cave.

cabaretier dont il a été fait mention, & l'un des plus vils suppôts de cette horde de scélérats, dans la cave duquel on trouva un baril de poudre. Il voulut opposer quelque résistance à ceux qui fouilloient sa maison ; mais il fut massacré & cinq de ses compagnons, qui, des toits de son logis, tiroient sur les sentinelles de l'Assemblée électorale, subirent la même destinée.

Les Electeurs sortent en Corps avec le drapeau blanc, & calment les esprits.

L'Assemblée électorale adopta avec empressement la proposition qui lui fut faite le mardi matin, par l'un de ses membres, de sortir en corps au milieu d'un détachement du régiment de Guyenne, précédé par un drapeau blanc, & d'aller recommander à toutes les troupes assemblées, la modération, la clémence & l'humanité. Cette démarche

---

M. d'Azemar, Major général de la Cavalerie.
M. de Serres de Montpellier, Chevalier de St. Louis, Major général de l'Infanterie.

éclatante eut un grand succès ; & la promesse de li-
vrer à la justice les chefs des coupables dont toute
l'armée demandoit la tête, commença à calmer la
fureur des soldats, & sauva la vie à beaucoup de
misérables.

Fidelle à son serment, l'Assemblée électorale
ne discontinua jamais ses travaux. Grossie à chaque
instant par beaucoup de ses membres qui la rejoi-
gnoient, le lundi elle ne quitta pas la salle de ses
séances, & les électeurs ne vécurent que de pain
& d'eau.

Le mardi, plus calme, l'Assemblée presque com-
plette, vit arriver dans son sein les sieurs Laurens,
Officier Municipal, & Vidal, Procureur de la
Commune, ce dernier déguisé en soldat ; tous les
deux étoient cachés depuis le Dimanche dans la
maison du sieur Gas, cantinier de l'armée à houppes
rouges ; & découverts ensuite dans une maison
inhabitée, ils furent sauvés par le courage & la
générosité d'un Capitaine de la Légion Nîmoise,
& mis par lui sous la sauve-garde du Corps Electoral. Il les prit sous sa protection ; mais se croyant
sans doute, trop voisins des prisons, ils s'échappèrent.

Le mercredi 16, tous les esprits étoient calmés,
& chacun se préparoit avec joie à la grande fédération qui devoit avoir lieu. C'étoit, sans doute, un
beau spectacle de voir 12000 hommes sous les
armes, rangés avec le plus grand ordre, & animés
des mêmes sentimens. Ce fut surtout un beau moment que celui où le serment civique fut prêté, où
des chants d'allégresse & de victoire se firent en-
tendre, & où le Corps Electoral, ombragé des
drapeaux du Régiment de Guyenne & de ceux
de chaque Légion, joignit l'expression de ses vœux
& de ses engagemens, à celle de tant de géné-

L'armée des Gardes Nationales du Département se rassemble, & prête le Serment Civique.

B 2

reux défenseurs de la patrie , jurant de mourir pour la Conſtitution & pour leur Roi. Pourquoi le ſouvenir du paſſé vint-il empoiſonner cette fête ? Pourquoi de nouvelles alarmes en vinrent elles troubler les douceurs ?

Les houppes rouges fugitifs vont ſemer l'alarme & la calomnie dans les environs. Ils diſent que les Proteſtans ont maſſacré les Catholiques.

Des coupables avoient pris la fuite , & , juſques dans leur déſaſtre , fidelles à leur ſyſtême , ils répandirent dans les campagnes , dès long-temps préparées à recevoir de fauſſes impreſſions , que les proteſtans de Niſmes y avoient égorgés les catholiques ; qu'on avoit ravagé tous les Couvents , profané toutes les Egliſes , immolé tous les Prêtres , & foulé au pied les choſes les plus ſaintes. Les complices d'une auſſi abſurde impoſture la propagèrent de tout leur pouvoir ; & preſque au même inſtant , tous les villages qui s'étendent à l'eſt de la ville vers le Rhône & vers le Gardon , furent armés pour ſecourir leurs frères qu'on leur diſoit maſſacrés , & leur religion qu'on leur aſſuroit perdue.

Menées perfides des Ligueurs.

Pluſieurs perſonnes connues ont , dans cette circonſtance , ſignalé leur zèle fanatique ; on en a vu à Bouillargues, village de la Banlieue , ſoulever les habitans dont on aigriſſoit depuis long-temps les eſprits. Le lundi, on en a vu à Manduel , autre village voiſin de la Ville , exciter au meurtre des payſans crédules & ſuperſtitieux ; on en a vu , ſur le chemin d'Arles , intercepter la lettre par laquelle la Municipalité de cette ville offroit pour celle de Nîmes , au Club des amis de la Conſtitution, des ſecours d'hommes , de munitions & de vivres (1).

____

(1) On trouvera la piece juſtificative à la fin.

Par une suite de ces perfides manœuvres, il se commit de grands excès dans les campagnes ; plusieurs personnes y furent massacrées, sans d'autres formalités que cette question : êtes-vous protestant ? Sur l'affirmative on étoit égorgé, & c'est ainsi que périrent, & le sieur Hugues, près le village de Manduel devant lequel il passoit, & le sieur Peyre, jeune homme qui lavoit tranquillement de la laine à une lieue de la ville, & le sieur & la dame Noguier, tués dans leur propre maison à Courbessac, & le sieur Blancher, jardinier, âgé de près de 70 ans, qui alloit faucher son fourrage ; tous citoyens paisibles & désarmés, & victimes du fanatisme le plus barbare. Mais la rage des assassins se tourna principalement contre une famille respectable (2) & nombreuse de la ville de Nismes, qui a de grandes propriétés dans cette contrée, & qui, depuis près d'un siècle, nourrit une grande partie de ses habitans. Elle étoit alors presqu'entièrement réunie à la campagne ; elle fut avertie qu'elle alloit être poursuivie ; elle prit la fuite ; mais bientôt elle se vit attaquée par une troupe effrénée de villageois en armes. Un vieillard de plus de 80 ans & son fils aîné, furent assassinés sans pitié sous les yeux de l'épouse & des deux filles de ce dernier ; & ces femmes infortunées ne durent leur salut qu'à un hasard presque miraculeux. Un autre vieillard de 75 ans, frère de celui qui venoit d'être massacré, ses trois filles, deux de leurs parentes ou amies, quatre enfans, dont le plus âgé n'a pas 6 ans, & quatre femmes qui les servoient n'échappèrent non plus à la mort, que par un de ces coups imprévus de la destinée, qui confond quelquefois la mé-

---

(2) La famille Maigre.

chanceté des hommes , & déconcerte leurs coupables projets.

Cependant l'alarme s'étoit déjà répandue au loin ,
& la ville de Nîmes étoit menacée de l'irruption
d'un grand nombre de payfans, connus par leur
attachement à la conftitution , mais cruellement
trompés fur les intérêts de leur religion. Tout con-
couroit à les entretenir dans leur erreur , & les avis
des fuyards, & les inftigations des mal intention-
nés , & l'exagération des récits , & les pleurs de
quelques Religieux fugitifs , & les alarmes de leurs
Curés.

Et contre qui venoient combattre ces malheureux que le fanatifme & l'hypocrifie ofoient trom-
per auffi groffièrement ? Contre une multitude de
bons catholiques de Nîmes qui avoient travaillé ,
de concert avec les proteftans , à l'avancement de
la conftitution ; contre la légion de Montpellier ,
troupe généreufe & fenfible , qui a volé au fecours
des bons citoyens fans s'informer de leur culte ;
contre les volontaires catholiques de Sommières ,
d'Aimargues , de Saint-Gilles , du Vigan & de
tant d'autres lieux , où , confondus avec des proteftans, ils vivent en amis & en frères , parce qu'ils
aiment également la loi de l'état & la perfonne
facrée de leur Roi ; & que , s'ils ont des opinions
Religieufes différentes, ils fuivent une morale commune ; contre ces fermes appuis de la caufe publique defcendus de leurs montagnes, ou venus de
la Gardonenque pour combattre les ennemis de
la conftitution ; enfin, contre ces braves ecclé-
fiaftiques qui n'ont pas craint de partager les périls des généreux Légionnaires de leurs cantons (1).

(1) Nous avons reconnu parmi eux , M. *Solier* , prieur
de Cologu: , M. *Brémond* , Curé d'Anduze , M. *Boulet* ,

Détrompez-vous, peuples aveuglés ; confultez les Electeurs que vous honnorâtes de votre confiance ; ils vous diront que la religion n'eft pour rien dans nos troubles ; ils vous diront que, dans l'Affemblée Electorale, compofée de 526 Membres, une majorité de plus de 400, dont plus de la moitié eft Catholique, a toujours été oppofée à une centaine de malveillans, *parmi lefquels même il fe trouvoit des Proteftans.* Ils vous diront que les vrais Catholiques demandoient qu'on flétrit, par une adreffe rigoureufe, ces délibérations des foi-difans Catholiques de Nîmes, d'Uzés & d'Alaïs, qui ont excité l'indignation de toute la France.

Les Elec-
teurs Patrio-
tes étoient,
pour plus de
la moitié Ca-
tholiques.

Et vous, prudens & généreux habitans de Beaucaire ; vous qui avez retenu cette foule qui couroit à fa perte pour un intérêt imaginaire, & qui avez épargné à la ville de Nîmes de nouveaux maffacres & de nouvelles douleurs ; vous auffi, fage Vicaire de Bellegarde, qui deffillâtes les yeux de vos ouailles un moment aveuglées, qui les défarmâtes par vos inftances, & les contîntes par votre courage ; vous tous enfin, dont la foi ne fauroit être fufpecte, parlez, dites à vos voifins ce que vous penfez de l'origine de nos malheurs ; & qu'ils apprennent, par votre exemple, à ne s'armer que pour la Conftitution, qui eft la plus sûre fauve-garde de la Religion.

Les Habi-
tans de Beau-
caire font tous
Catholiques.

Enfin, que les ennemis de la révolution, que ceux qu'on lui fufcite, que ceux qu'on égare, viennent voir parmi nous l'un des plus beaux effets du patriotifme & de la liberté : qu'ils viennent au

Principes &
conduite du
Club des A-
mis de la
Conftitution.

Curé de Puechredon, M. *Chabert*, Curé de Boiffiere, M. . . . . . ., Curé de Caftelnau. Nous regrettons de ne pas favoir les noms des autres Curés qui ont manifefté un patriotifme auffi rare.

B 4

club des amis de la Conſtitution , dans cette ſo-
ciété patriotique , où les hommes de toutes les Re-
ligions ſont indiſtinctement admis ; ils y verront les
familles des malheureux que nos déſordres ont
plongés dans la miſère (1) , amis ou ennemis, Catholiques & Proteſtans , tous égalemens ſecourus ,
également appellés au partage des bienfaits de l'Aſſemblée patriotique de Marſeille , & des amis de
la Conſtitution de Niſmes ; 50 charges de blé ,
envoyées en don par ces généreux Provençaux ,
pour le ſoulagement des infortunés de notre ville ;
plus de 6000 livres déjà deſtinées au même uſage :
voilà ce qu'à produit la conformité des principes
& des ſentimens , parmi des hommes qui n'ont
pas les mêmes opinions religieuſes. La bienfaiſance
& le patriotiſme doivent déſormais nous rapprocher, & il n'eſt perſonne ſans doute qui ne regarde
comme ſon frère, le citoyen, quel que ſoit d'ailleurs ſon culte, qui exerce ces deux vertus.

Confiance
qu'il a dans
l'information
commencée à
la requiſition
du Miniſtere
public.

Nous venons de préſenter le récit fidelle des
faits principaux qui ont acquis la notoriété publique : la procédure commencée à la requête
du miniſtère public, portera juſqu'à l'évidence la
vérité de ces détails hiſtoriques. Nous pouvons
même avancer que les trames odieuſes & les complots perfides des ennemis de la conſtitution ſeront
dévoilés. Attendons avec confiance les réſultats des
informations juridiques. Les Magiſtrats qui en ſont
chargés, y apportent le zèle le plus empreſſé, la
vigilance la plus exacte, la juſtice la plus ſévère.
Déjà nous les avons vu affronter les plus grands
périls, voler avec courage & avec ardeur ſur tous

---

(1) On compte qu'environ 200 perſonnes ont été les
victimes de nos déſordres : on ne peut évaluer avec exac-
titude le nombre des bleſſés.

les lieux où les crimes multipliés rendoient le danger plus imminent, constater les corps de délit, & consacrer les instans du sommeil à éclairer leur justice. Ils ont acquis des droits à notre reconnoissance, ces Magistrats vertueux, & les noms de MM. Fajon & Brunel de la Bruyère, seront cités avec ceux des juges les plus dignes de l'estime publique.

L'heureux succés de la révolution qui s'est opérée dans la ville de Nîmes, prépare à ses habitans des jours fortunés. Notre Garde Nationale, sous les auspices de ses nouveaux chefs, & soumise à un nouveau régime, veillera à la sûreté de ses concitoyens : des Administrateurs vertueux & honorés entretiendront dans nos murs la paix & la concorde ; & nos généreux voisins, toujours prêts à nous secourir, seront l'effroi des ennemis de la Constitution, s'il en existe encore dans nos contrées.

La Garde Nationale ayant paru désirer une manifestation publique de son respect pour la religion, son Conseil d'administration adoptant la proposition de M. Aubry, Colonel, a délibéré qu'il sera célébré, les Dimanches & Fêtes, une Messe pour la Garde Nationale, qui sera dite dans l'Eglise des Carmes, par M. Boucarut, Prêtre vraiment Patriote, que ce Conseil a choisi pour Aumônier de la Garde Nationale.

Enfin, le Club des Amis de la Constitution a délibéré, dans sa séance du 27 de ce mois, qu'il seroit célébré le Jeudi suivant, dans la même Eglise, un service solennel pour ceux qui ont péri dans cette révolution.

COPIE de la Lettre de M. *Defcom-biés* à M. *de Bouzzols.*

A D R E S S E.

A Monfieur le Marquis de BOUZZOLS, Com-mandant de la Province de Languedoc, chez M. d'Eygaliers, à la Grand'rue, à Mont-pellier.

MONSIEUR,

Les dragons proteftans ont attaqué fur les fix heures du foir, les catholiques : plufieurs ont été tués, & beaucoup de bleffés, le défordre eft affreux, l'alarme eft générale ; le drapeau rouge a été repouffé & arraché des mains du municipal, & la municipalité eft difperfée. Vainement ai je cherché à me concerter avec un d'eux ; ils fe font retirés après avoir fait ce qu'on peut attendre de magiftrats patriotes & généreux.

Il eft cependant abfolument néceffaire de ramener l'ordre dans la ville ; & le feul moyen qu'il y ait, c'eft de nous donner un fecours affez fort pour en impofer aux ennemis de la paix quels qu'ils foient.

Je vous prie donc, Monfieur, en ma qualité de notable de la municipalité & vu les circonf-

rances, de vouloir envoyer sans perdre un seul moment un ordre au régiment du Roi, dragons,
pour se rendre en cette ville. Je m'oblige de faire
approuver ma réquisition par toute la Municipalité ; & comme citoyen & bon français, j'ai l'honneur de vous assurer, Monsieur, que la présence
de ce régiment ramenera tous les esprits à la
paix, & fera finir tous les malheurs arrivés
& prêts à se renouveller, desquels je ne puis
avoir l'honneur de vous donner encore un détail
circonstancié.

Je suis avec respect, &c.

DESCOMBIÉS, ancien
Page du Roi, Notable,
Electeur, *signé.*

COPIE d'une lettre du sieur *Froment*, Capitaine de la Compagnie N°. 39.

Exprès.

ADRESSE

*A Monsieur, Monsieur le Marquis DE BOUZ-
ZOLS, Commandant en second de la Province de Languedoc, à Montpellier.*

MONSIEUR,

Vainement j'ai réclamé jusqu'à ce jour l'arme-
ment des compagnies catholiques, malgré l'ordre
que vous aviez bien voulu m'accorder ; les Officiers Municipaux ont cru qu'il étoit de la pru-

dence de retarder la livraifon des fufils jufqu'après l'Affemblée Electorale. Aujourd'hui les Dragons proteftans ont attaqué & tué plufieurs de nos Catholiques défarmés. Vous pouvez juger du défordre & de l'alarme qui règnent dans la Ville. Je vous fupplie, en ma qualité de Citoyen & de bon Français, d'envoyer de fuite un ordre au régiment du Roi, Dragons, pour venir mettre le bon ordre dans la Ville, & en impofer aux ennemis de la paix. La Municipalité eft difperfée ; perfonne n'ofe fortir des maifons, & fi elle ne vous fait aucune réquifition dans le moment, c'eft que chacun de fes Membres tremble pour fes jours, & n'ofe fe montrer. On a forti deux drapeaux rouges, & les Officiers Municipaux, fans gardes, ont été obligés de fe réfugier chez de bons patriotes. Quoique fimple Citoyen, je me permets de réclamer auprès de vous, parce que je penfe que les Proteftans ont déjà envoyé dans la Vaunage & la Gardonnenque, pour demander des fecours, & que l'arrivée des fanatiques de ces contrées, expoferoit tous les bons Français à être égorgés. Daignez avoir égard à ma demande, je l'attends de votre bonté & de votre juftice.

Je fuis avec refpect,

MONSIEUR,

Votre très-humble & très-obéiffant ferviteur,
Signé, FROMENT, Capitaine de la Compagnie n°. 39.

COPIE d'un Certificat.

Nous, fouffigné, Notable de la Municipalité de Nîmes & Electeur, prions tous ceux qui font à prier, de laiffer librement paffer les nommés Dupré & Lieutaud, habitans de la ville de Nîmes, pour aller porter une lettre à M. le Commandant de la Province, pour les affaires du Roi & de l'Etat. En foi de quoi nous avons figné le préfent. A Nîmes, ce 13 Juin 1790.

DESCOMBIÉS, Notable
& Electeur.

Je certifie que lefdits Dupré & Lieutaud, font habitans & Légionnaires de Nîmes. En foi de de quoi leur ai délivré le préfent,

FROMENT, Capitaine
de la Légion Nîmoife.

A Monfieur le Commandant des Troupes de ligne, pour communiquer aux Légionnaires campés à l'Efplanade.

Monsieur,

On vient de me dire que vous propofez la paix. Nous l'avons toujours défirée, & jamais nous ne l'avons troublée. Si ceux qui font la caufe des défordres affreux qui règnent dans la ville, veulent mettre fin à leur coupable conduite, nous offrons d'oublier le paffé, & de vivre en frères.

Nous sommes, avec toute la franchise & la loyauté de bons patriotes, & de vrais Français, vos très humbles serviteurs.

Les Capitaines de la Légion Nîmoise, commandant les Tours du Château.

Nîmes, le 14 Juin 1790,
à 4 heures du soir.

———————————————————

RAPPORT fait par M. MAGNAN, un des Valets de ville d'Arles, du message qui lui avoit été donné par M. le Maire de la même Ville.

———————————————————

JE soussigné ANDRÉ MAGNAN, Valet de ville au service de la Commune d'Arles, certifie que hier à huit heures du soir, je fus commandé par M. le Maire de la ville d'Arles, d'aller à Nîmes porter une lettre à l'adresse des Membres du Club des Amis de la Constitution ; qu'étant parti tout de suite à cheval, j'arrivai à Bellegarde à dix heures moins un quart, où je descendis à l'auberge du Lion d'or, soupai & restai jusqu'à trois heures du matin, époque à laquelle je poursuivis ma route ; qu'étant arrivé au-devant du château de Vendargues, je trouvai un poste d'environ dix hommes armés de différentes pièces, qui me demanderent qui j'étois, où j'allois, à quoi je satisfis avec vérité. Le Commandant de ce poste me demanda ensuite si je ne portois point de papiers : je répondis que j'étois muni d'un passeport de la Municipalité d'Arles, que je lui montrai ; & sur ce que j'y étois qualifié de *Valet de Ville*, ils observerent que vraisemblablement j'étois porteur d'autres papiers qu'ils m'obligerent de représenter : à quoi je souscrivis en livrant mon porte-feuille dans lequel se trouvoit la lettre à l'adresse du Club, dont ils s'emparerent, en me disant qu'il falloit que j'allasse à un château peu éloigné, que j'appris bientôt être celui de *La Coste* dit

(31)

Belle-Vue, où fe trouvoit M. de la Baulme, Officier Municipal de Nîmes. Arrivé à ce château, je trouvai un autre pofte d'environ quarante hommes, qualifié, felon ce que j'entendis, de *Pofte du Pont d'Arles*. Le Commandant de ce pofte m'ordonna d'attendre que M. de la Baulme fût levé. Demi-heure après, fe préfenta un Prêtre qu'on me dit être le Curé de Bouillargues, qui me demanda de lui remettre la lettre dont j'étois porteur, & qu'on m'avoit rendu dans la route. Je lui obfervai qu'on m'avoit promis de me faire parler à M. de la Baulme, pour la lui montrer; & fur cette obfervation, ce Prêtre me dit de monter avec lui à fon appartement. Arrivé au premier palier de l'efcalier, je trouvai Madame de la Baulme qui m'enleva la lettre, après m'avoir prié de la lui faire voir, & m'ordonna d'attendre. Vingt-trois minutes après, parut M. de la Baulme, en m'invitant d'entrer dans un cabinet, & me difant qu'on alloit adreffer à M. le Chevalier d'Antonelle, Maire d'Arles, une réponfe à la lettre dont j'étois porteur; que cette réponfe feroit faite par le Capitaine du pofte : ils entrerent alors dans un fecond cabinet, & me dirent de defcendre. Quelque tems après, on me fit remonter & on me lut la lettre adreffée à M. le Chevalier d'Antonelle; & pendant qu'on la lifoit, j'apperçus fur un bureau la lettre adreffée au Club des Amis de la Conftitucion, ouverte & dépliée au point que je lus diftinctement la fignature de M. le Chevalier d'Antonelle. Je defcendis alors pour retourner à Arles; & au moment où j'allois prendre mon cheval, l'Officier Commandant me redemanda la lettre adreffée à M. le Chevalier d'Antonelle, en me difant qu'on avoit oublié d'y inférer quelque chofe; j'attendis quelque tems, & bientôt fe préfentèrent M. de la Baulme, le même Officier, trois ou quatre Abbés & plufieurs perfonnes armées; & ayant prié l'Officier de me rendre la lettre adreffée à M. le Chevalier d'Antonelle, M. de la Baulme répondit que cela n'étoit pas néceffaire; mais fur ma repréfentation que je ferois expofé à des reproches, on me donna le certificat dont la teneur fuit.

« Je certifie que le Porteur de la lettre de M. le Che-
» valier d'Antonelle a été arrêté par la Troupe qui étoit
» de garde au Pont d'Arles, & que cette lettre fera en-
» voyée à Nifmes par l'Officier de garde, & que le
» porteur a été invité de retourner à Arles. Le quinze
» Juin mil fept cent quatre-vingt-dix. *Signé* LA BAULME.

Après quoi, je fus prendre mon cheval & me retournai en cette ville d'Arles, où je suis arrivé à midi & demi, & où j'ai tout de suite dressé le présent Procès-verbal, auquel restera annexé le susdit certificat, pour le tout servir & valoir ce que de raison. En foi de quoi, à Arles, le quinze Juin mil sept cent quatre-vingt-dix.

MAGNAN, *Vallet de ville à Arles.*

Nous soussignés, MAIRE ET OFFICIERS MUNI-CIPAUX de cette ville d'Arles, certifions & attestons que le nommé André Magnan, Valet de ville au service de la Commune de cette Ville, a dicté en notre présence le procès-verbal ci-dessus au Secrétaire-Greffier qui l'a rédigé sous sa dictée, & qu'il l'a signé tout de suite, après l'avoir lu & relu, & y avoir persisté. En foi de quoi, à Arles, le quinze Juin mil sept cent quatre-vingt-dix.

Signés, le Chev. *d'Antonelle*, Maire; *Eyminy*; *Imbert*; *Maurel*; *Rousset*; *Bret*; *Meyer*; *Baudesseau*, Officiers Municipaux; *Gantheaume*, Substitut subrogé du P. D. L. C.

Francony, Major de la Garde Nationale d'Arles, témoin du récit; *Boulouvard*, Capitaine des Dragons d'Arles; *Barrachin*, témoin du récit dudit Magnan, *Magnan*, Valet de ville à Arles.

CONSTANT, *Secrétaire-Greffier.*

Par le Club des Amis de la Constitution.

AUBRY, Président

COURBIS,

VINCENT PLAUCHUT,

J. PIEYRE le fils.

HEBERT le fils, *Secrétaires.*